LE
CRÉDIT VRAI.

ÉTUDES

SUR L'ÉTABLISSEMENT DU CRÉDIT POUR LA PROPRIÉTÉ FONCIÈRE
ET L'AGRICULTURE, PAR LA SUPPRESSION DES
HYPOTHÈQUES ET DES PRIVILÉGES,

Par Camille DELAHAYE.

Le prêt hypothécaire n'est pas le crédit.

Prix : 1 fr. 50 c.

PARIS,

E. DENTU, LIBRAIRE-ÉDITEUR,

PALAIS-ROYAL, GALERIE D'ORLÉANS, 13.

1859.

LE
CRÉDIT VRAI.

AMIENS, TYPOGRAPHIE DE LENOEL-HEROUART,
rue des Rabuissons, 10.

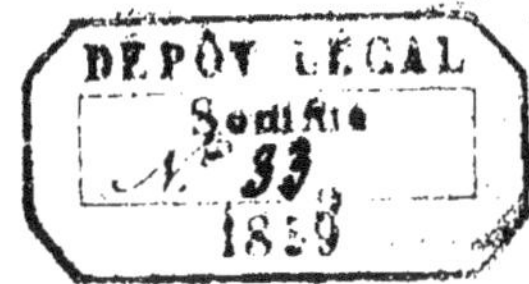

LE
CRÉDIT VRAI.

ÉTUDES

SUR L'ÉTABLISSEMENT DU CRÉDIT POUR LA PROPRIÉTÉ FONCIÈRE
ET L'AGRICULTURE, PAR LA SUPPRESSION DES
HYPOTHÈQUES ET DES PRIVILÉGES,

Par Camille DELAHAYE.

Le prêt hypothécaire n'est pas
le crédit.

Prix : 1 fr. 50 c.

PARIS,

E. DENTU, LIBRAIRE-ÉDITEUR,

PALAIS-ROYAL, GALERIE D'ORLÉANS, 13.

1859.

La routine est l'ennemi le plus puissant du progrès ;
non-seulement, la routine est stationnaire, mais elle se
pose encore en obstacle au passage de toute idée nouvelle, et dans son amour du repos, elle ne veut pas voir
les améliorations possibles, elle ne s'ingénie qu'à trouver
des dangers même imaginaires.

Si la routine est en général assez forte pour retenir le
mouvement individuel, combien ne l'est-elle pas plus
encore lorsqu'il s'agit de réformes qui ne peuvent être
expérimentées qu'après leur réalisation complète?

Quand une idée neuve apparaît, quand une invention
se révèle, malgré l'opposition des trembleurs, il se trouve
des esprits hardis, qui recueillent l'idée ou l'invention,
qui les dissèquent, les travaillent, et de l'état de théorie,
les font passer à l'état d'expérimentation. Chacun peut
faire ses essais, chacun peut apporter sa pierre à l'édi-

fice et la valeur de l'idée en se manifestant, force les
récalcitrants à marcher dans la voie qui vient de s'ouvrir ; la routine est vaincue, la pensée individuelle justi-
fiée par l'expérience a renversé les obstacles.

Mais, lorsqu'il s'agit de principes qui, n'étant pas du
domaine de tous, ne peuvent pas être mis en application
par chacun ; mais, lorsqu'il s'agit d'améliorations qui
ne peuvent s'obtenir que du consentement général et qui
ne sauraient être pratiquées qu'après avoir fait table rase
de tout ce que ce principe est appelé à remplacer, alors,
la puissance de la routine est bien autrement grande et
difficile à déraciner. Pour vaincre une résistance pareille,
le seul appui sur lequel on puisse compter, c'est le
raisonnement, et l'on n'a d'espoir de réussir, qu'autant
qu'il est possible de démontrer d'une manière palpable
les causes du mal qu'il faut faire disparaître et l'efficacité
du remède.

Une pareille démonstration ne saurait être tentée pour
la réforme hypothécaire, si, dès à présent, ses inconvénients n'étaient pas constatés unanimement, si la nécessité d'un changement radical n'était pas notoire, et s'il
ne suffisait pas de révéler les causes du mal et d'indiquer
les moyens réparateurs.

De là, cependant, à la réalisation de la réforme, il y a

bien loin encore, car, il faut le reconnaître, à la honte de l'humanité, les grandes améliorations qui exigent le concours de tous, n'ont pu se produire, jusqu'à présent, que par la volonté du peuple, manifestée violemment au milieu des agitations révolutionnaires, ou par celle du prince, volonté libre, absolue et sans contrôle assez puissant pour la faire dévier.

Produire aujourd'hui le résultat d'études sérieuses faites sur la position précaire et malheureuse de la propriété foncière et l'agriculture, ce n'est donc qu'essayer d'ouvrir la voie à une réforme tellement indispensable que, tôt ou tard, elle aura son jour ; c'est appeler la discussion sur ce qui n'a pas encore été discuté ; c'est, enfin, engager les hommes compétents à donner leur concours à l'œuvre poursuivie, ou, du moins, à l'éclairer de leurs lumières.

Camille DELAHAYE.

LE
CRÉDIT VRAI.

ÉTUDES

SUR L'ÉTABLISSEMENT DU CRÉDIT POUR LA PROPRIÉTÉ FONCIÈRE
ET L'AGRICULTURE, PAR LA SUPPRESSION DES
HYPOTHÈQUES ET DES PRIVILÉGES.

> Le prêt hypothécaire n'est pas le crédit.
>
> « L'Agriculture est ruinée tout à la fois
> » et par les capitaux qui lui manquent et
> » par les capitaux qu'on lui prête... »
> *Cour de Riom.*

CHAPITRE I.

SOMMAIRE. — Absence d'équilibre dans la distribution du Crédit — Maux qui en découlent. — Initiative de l'Etat. — Prétendues Créations nouvelles. — Equivoque. — Le Crédit et le Prêt sur gage. — Le Propriétaire, le Négociant et le Spéculateur devant le Crédit. — L'Hypothèque et le Crédit.

Lorsque l'on examine attentivement les ressources que l'Industrie et l'Agriculture peuvent demander à notre système économique, ce qui frappe tout d'abord, c'est l'absence d'équilibre dans la répartition du Crédit.

Le Crédit, sous quelque forme que ce soit, afflue vers le commerçant, tandis qu'il est presque fermé au propriétaire foncier.

2

La raison en est simple :

Les grands centres favorisant le développement des banques, tout s'est fait au profit de l'Industrie et du Commerce (1).

Puis, quand il a été bien prouvé que toutes les intelligences se portaient d'un essor spontané vers les villes où le Crédit offrait un vaste champ à leur activité, quand l'Agriculture délaissée manqua de bras et de capitaux, on se souvint de la propriété foncière. On reconnut alors la source des grands malaises sociaux, qui ont mis tant de fois le pays en danger de ruine et fait verser des flots de sang à Paris et à Lyon ; on comprit comment l'exagération du nombre des travailleurs industriels, comment les souffrances du travail agricole, le manque d'équité dans les lois distributives du Crédit,

---

(1) « Ce résultat est très-sensible en France. Les villes de fabrique y
» ont doublé de population depuis 1790 ; et ce surcroît de population y
» est presque entièrement absorbé par les travaux de manufactures et
» des ateliers qui en ressortent. Lyon, Rouen et les villes qui les en-
» vironnent ne sont plus reconnaissables : Saint-Étienne et Mulhouse,
» qui n'étaient que de petites villes, se sont transformées en grandes
» cités. L'Alsace et la Lorraine d'un côté, le Foix et le Dauphiné de
» l'autre se sont couverts de filatures, de fabriques de cotonnades, de
» soiries et de dentelles. La Flandre et l'Artois sont parsemés de
» hautes cheminées, qui indiquent au loin la présence des machines
» motrices. Le sucre de betteraves dans les départements du Nord, la
» porcelaine dans le Limousin, la soude dans la Provence, les alums et
» les tissus de coton dans l'Aisne sont des industries qui n'existaient
» pas en germe, il y a cinquante ans. Dans la Champagne et la Bour-
» gogne, la fabrication du fer, de la fonte ; dans le Doubs et les Vosges
» celle du fer-blanc et de la tôle se sont considérablement élargies. »

Globe, 20 janvier 1832.

Si l'on ajoute à ce tableau tracé par un écrivain saint-simonien, les nouveaux progrès de l'Industrie depuis vingt-six ans, dus à la création du réseau des chemins de fer et au perfectionnement du Crédit, on conviendra que l'Agriculture est en droit de se plaindre.

(Note de l'Auteur.)

peuvent paralyser une portion des forces vitales d'une grande nation, comment, en un mot, un mal particulier peut amener la perturbation des intérêts généraux.

L'Etat s'en émut. Avec un louable empressement, il accueillit, examina et favorisa tous les projets qui lui furent présentés et qui lui parurent propres à conjurer le mal. On vit de toutes parts surgir les institutions de Crédit. Mais comme l'instinct des capitaux les porte toujours dans la direction où afflue l'espoir du bénéfice immédiat, toutes ces institutions au lieu de rétablir l'équilibre dont nous parlions plus haut, ne firent que précipiter le mouvement industriel et encombrer la place de valeurs nouvelles. Bientôt l'Etat se vit dans la nécessité d'opposer une digue à ce débordement.

Cependant, parmi les institutions de Crédit nées dans ces circonstances, quelques-unes semblaient, au moins par leur dénomination, prétendre porter remède au mal que l'économie politique n'a cessé de signaler depuis vingt ans. Nous citerons notamment :

> Les Caisses hypothécaires,
> Les Banques agricoles,
> Le Crédit hypothécaire,
> Le Crédit foncier.

Or, quel est le signe distinctif de ces créations ? sur quelle base appuient-elles leur prétendue innovation en matière de Crédit? — Sur le régime hypothécaire !

Quels avantages offrent-ils sur l'hypothèque? — Aucun.

Que présentent-ils donc de nouveau? — Le nom (1) !

-----

(1) Quelques modifications apportées au Code hypothécaire en faveur du *Crédit foncier* spécialement, en lui permettant d'opérer la

L'instinct des capitaux, les tendances centralisatrices du peuple français ne sont pas l'unique cause de cette disproportion du Crédit entre l'industrie et la propriété foncière. Une équivoque, dont nous rechercherons tout-à-l'heure l'origine, plane sur toute notre législation, en matière de Crédit.

On a confondu le Crédit avec l'emprunt sur gage.

Dès-lors, en ne laissant au propriétaire qu'un seul mode d'emprunt, l'hypothèque, au lieu de l'exonérer, au lieu de lui ouvrir le chemin de la fortune par le Crédit, on lui a facilité autant qu'on a pu le moyen de se ruiner.

Qu'est-ce en effet que le Crédit (1) dans sa véritable acception? — C'est la confiance.

Sur quoi repose-t-il? — Sur la parole ou la signature du débiteur.

Dans quels principes cette confiance puise-t-elle sa force? — Dans l'égalité des créanciers devant la fortune du débiteur, gage commun, sur lequel nul droit privatif ne prévaut; et dans la réalisation prompte et facile d'un actif que rien ne soustrait à l'action du créancier.

Qu'est-ce, au contraire, que le *prêt sur gage* ou sur hypothèque? Une opération aussi grossièrement élémentaire que celle du Mont-de-Piété! Peu importe que je sois honnête homme ou fripon, voici mon gage ou mon immeuble, ma moralité compte pour si peu de chose ici, que le prêteur prévoyant toutes les pires éventualités ne me prêtera qu'avec

---

purge légale, n'ont guère eu de résultat que pour les grandes propriétés; elles n'ont en rien facilité le petit propriétaire.

(Note de l'Auteur.)

(1) « On appelle de ce nom le plus ou moins de confiance dont » jouit un industriel; il est fondé sur son exactitude à rembourser les » valeurs empruntées.   (BLANQUI, *Précis d'Économie politique.*)

peine une somme équivalente à la moitié de la valeur de mon bien.

Ainsi, je suis propriétaire, homme de mœurs sédentaires, prudent et n'aimant pas, en affaires, à courir les aventures. Ce que je possède s'étale au soleil, chacun peut le toiser, chacun peut compter les épis de mon champ, les grappes de ma vigne, additionner les loyers de mes maisons et s'assurer si j'ai déjà grévé mon avoir. J'ai besoin d'argent, surviennent cinq ou six prêteurs : les voilà examinant, critiquant, dépréciant la valeur du gage offert. Un d'eux consent à se risquer ; il prête le moins possible, et comme il redoute les hypothèques légales, il faut encore que je lui fournisse l'engagement solidaire de ma femme... Quant aux commissions aux intermédiaires, honoraires de notaire, timbre, enregistrement, grosse, extraits, bordereaux d'inscription, frais d'hypothèque, etc., etc., il va sans dire que la charge en est à moi... Les voisins disent : c'est un homme ruiné.

Et les voisins n'ont pas tort, car je suis sur le chemin de la ruine (1).

J'ouvre boutique, au contraire, je n'ai pas un pouce de terre au monde, ma fortune tient dans ma poche, mais, permis à moi d'acheter pour dix fois autant que je possède, les vendeurs ne manqueront pas. Je suis honnête et capable c'est assez, je n'ai pas même besoin de donner de règlements, la facture suffit, je payerai à terme.

Ai-je besoin de crédit chez le banquier, mon exactitude et

---

(1) Dans le tableau que nous venons de tracer rapidement de la position du propriétaire qui emprunte sur hypothèque, nous n'avons pas parlé des mille difficultés qu'il lui a fallu d'abord lever, pour satisfaire aux exigences du prêteur, difficultés qui ont nécessité de sa part des justifications blessantes et toujours dispendieuses.

(Note de l'Auteur.)

mon intelligence m'ont ouvert sa caisse, je n'ai qu'à me présenter...

Le fabricant et le banquier ne sont pas aussi inconsidérés qu'ils le paraissent, ils savent que nul privilége ne peut primer leurs droits en cas de faillite, et que la procédure commerciale est expéditive et peu coûteuse.

Vis-à-vis du propriétaire débiteur, les poursuites des créanciers ressemblent, au contraire, à une véritable course au clocher. C'est à qui arrivera le premier. Les droits sont gradués comme les prix d'un concours. Celui qui aura obtenu le premier une condamnation, obtiendra la première hypothèque, c'est-à-dire primera tous les autres créanciers, il pourra même absorber le prix total de la valeur immobilière de son débiteur; cependant les frais s'accumulent, le propriétaire plie sous le faix et sort de sa propriété ruiné, décrié, poursuivi par les malédictions de ses créanciers qui, pour réaliser leur gage ont dû passer par toutes sortes de lenteurs, de formalités et de frais qu'entraîne la procédure actuelle de l'expropriation forcée et qui ne se trouvent encore qu'en présence d'une adjudication qui ne termine rien (1).

En résumé, voici l'alternative posée par l'organisation actuelle du Crédit.

Possédez un immeuble : vous n'aurez rien sans donner un gage. N'ayez rien que des valeurs mobilières : votre parole ou votre signature suffit.

---

(1) Sans parler de la surenchère et des délais qu'elle prend, il y a la levée et la transcription du jugement d'adjudication, sa signification, la purge légale, les notifications, l'ordre et tout son dédale de procédures et d'incidents, de sorte que des années entières s'écoulent avant que le créancier sache, d'une manière certaine, s'il aura droit ou non au prix de l'immeuble qui lui avait été donné en garantie.

(Note de l'Auteur.)

Il résulte de là que, dans le premier cas, le propriétaire, restreignant son exploitation, empruntera le moins possible ; et que dans le second cas, au contraire, le commerçant donnera carrière au plein essor de son activité.

L'Industrie acquiert ainsi toute l'étendue de sa puissance, tandis que l'Agriculture languit. Les villes regorgent d'ouvriers et de capitaux, les campagnes dépeuplées manquent de bras, le sol ne donne pas le tiers (1) de sa puissance productive, car la terre, autant que le comptoir, a soif d'or et de crédit.

Le Crédit est une chose morale, virtuelle, expansive, qui reflète dans l'Industrie et le Commerce la puissance du génie, de l'honneur, de la capacité et de la moralité.

L'Hypothèque, au contraire, égoïste, étroite, méfiante, ne reflète dans les transactions que les pires instincts, les vues mesquines : l'apparence de la sécurité dans l'immobilité.

Le premier (2), fils de la révolution, est, comme elle, né de la liberté, du renversement des entraves de toutes sortes,

---

(1) « Le revenu brut de notre sol n'est que de 1,600 millions, tandis » qu'il pourrait s'élever à 3 milliards, si l'Agriculture obtenait des ca- » pitaux en abondance et à bon marché. »   (*Cour de Nancy.*)

» L'Agriculture est ruinée tout à la fois et par les capitaux qui lui » manquent et par les capitaux qu'on lui prête. » (*Cour de Riom.*)

(2) « Le Crédit est né parmi nous le même jour que la liberté, le » même jour que le gouvernement représentatif.

» Le Crédit est le sentiment de l'inviolabilité du droit individuel » dans la fortune, comme dans la personne du citoyen.

» Le Crédit est la confiance de tous en tous.

» Le Crédit est le patriotisme de l'argent.

» L'argent n'a pas de cœur, mais il a de la mémoire. »

(*Discussion de la loi sur le remboursement des rentes. Séance de la chambre des députés du 19 avril 1838. Discours de M. DE LAMARTINE.*)

maîtrises, douanes intérieures, etc., qui paralysaient le travail.

La seconde, fille du vieux monde, naquit du privilége. Elle plonge encore au plus profond des tatonnements de l'esprit humain. Au lieu de servir, elle tue ceux qui y ont recours; par elle, emprunteur · et prêteur deviennent des ennemis acharnés, car entre eux il n'y a jamais eu et il ne peut y avoir que de la défiance; et pourtant elle survit au milieu de la société contemporaine comme une ruine d'un passé à jamais disparu! D'où vient que nos législateurs n'ont pas encore renversé ce pan de mur crénelé qui brise au passage le soc de la charrue et laisse planer sur la propriété foncière l'ombre du Moyen-âge?

C'est ce qu'il importe à la clarté de notre argumentation d'expliquer en quelques mots.

CHAPITRE II.

« Par ce que, depuis cinquante ans, a dit un publiciste,
» nous avons continuellement gratté et remué le sol, nous
» nous figurons que tout est d'hier, que le passé est aboli :
» il n'en est rien, et tous les jours on sent davantage le be-
» soin d'aller aux sources étudier les véritables principes
» de la législation actuelle. Or : toutes les fois qu'on re-
» monte à ces sources et qu'on étudie ces principes, il est rare
» qu'on ne retrouve pas la poussière des sociétés antiques
» mêlée à ces lois qui sont le pain de vie des sociétés con-
» temporaines (1). » Le squelette de l'Empire romain soutient
encore l'édifice de la civilisation moderne. D'autres vestiges
de moins ancienne date se juxta-posent, comme les couches
géologiques, aux premières assises. Dans toute loi moderne,
on reconnaît trois formations distinctes qui constituent l'em-
bryologie de nos Codes et qui ont pour dates : Rome, le
Moyen-âge, la Révolution.

---

(1) COUTURIER, de Vienne, *Etudes historiques et critiques sur la législation civile et criminelle en France,* page 163.

Il n'entre point dans notre plan de faire l'historique de l'Hypothèque, de son origine, de ses progrès, de la diversité des causes qui la produisent; nous ne parlerons pas davantage des conditions qui permettent d'en consentir, des biens qui en sont susceptibles, de sa durée, des formes à remplir pour la conserver, de ses effets, des actions qui en naissent, des droits et des avantages qu'elle procure, enfin, des différentes manières dont elle s'éteint et par lesquelles les tiers acquéreurs peuvent s'en affranchir. Nous nous bornerons à prendre l'Hypothèque telle qu'elle a été définie par la loi du 11 brumaire an VII, qui a consacré, en la modifiant, la législation ancienne; nous l'examinerons telle qu'elle est réglementée par le Code Napléon et les lois postérieures, en indiquant, toutefois, les causes qui l'avaient fait adopter sous le régime féodal, ainsi que les motifs qui doivent la faire abandonner aujourd'hui (1).

En matière d'Hypothèque, le droit romain ne distinguait pas entre les choses corporelles et les choses incorporelles, les unes et les autres étaient susceptibles d'hypothèques. En France, au contraire, sauf quelques exceptions supprimées par la législation nouvelle, l'immeuble seul jouissait de ce dangereux privilége.

L'explication de cette différence gît dans les transformations que subirent successivement les lois romaines. A mesure que

---

(1) « Le prêt sur hypothèque, en outre les dangers qui lui sont
» propres, a des inconvénients graves de divers s natures. Générale-
» ment il n'a lieu que pour des sommes d'une certaine importance; et
» une fois qu'elles ont été converties en obligations hypothécaires,
» il devient souvent difficile et toujours coûteux, le besoin échéant,
» d'en opérer le transport. Le prêt sur hypothèque est donc res-
» treint à un certain nombre de cas et à une certaine classe de
» placements. » (GIRARDIN, *Questions administratives et financières*,
page 5.)

l'empire romain s'affaiblit, les peuples conquis reprenant leur autonomie, recherchèrent des formules de droit mieux appropriées à leurs besoins et à leurs mœurs.

Quand, sous les rois de la seconde race, le Moyen-âge eût trouvé sa molécule politique, *le Fief*, la possession du domaine féodal conféra tous droits militaires, administratifs et judiciaires. Par analogie avec cette loi romaine qui accordait la propriété de la statue au propriétaire du bloc, les priviléges seigneuriaux et les fonctions qui en ressortaient suivaient la chose et non l'homme.

Cette disposition n'avait rien que de conforme au bon sens et à l'équité, tant que les seigneuries ne furent que des titres d'offices ou fonctions publiques, que des magistratures dont le roi disposait. Mais, dès que la possession entraîna celles des fonctions devenues ainsi patrimoniales, la conservation du domaine devint la préoccupation exclusive de ses possesseurs; pour conserver le fief, il fallut que le possesseur imaginât un moyen de se mettre à l'abri des vicissitudes ordinaires qu'engendre, dans la jouissance de la propriété, le besoin d'argent. L'Hypothèque fut ce moyen. Il permettait de contracter des emprunts sans aliéner le fief.

Il est aisé de voir que cet expédient fut une conséquence logique du principe du droit d'aînesse, du majorat, du retrait lignager, etc.

Sans doute, le système de l'hypothèque ne mettait pas le possesseur du domaine absolument à l'abri de l'expropriation forcée, mais une jurisprudence sans règles, qui permettait au débiteur de multiplier les difficultés et de gagner du temps, lui donnait le plus souvent le moyen de conserver l'intégralité de son domaine. Depuis, les lois restèrent entachées du vice de la jurisprudence.

L'édifice entier du Moyen-âge, véritable gouvernement du

père de famille, où la personne de l'Etat est à peine visible, reposait sur le droit d'aînesse. Il n'est pas étonnant que le Crédit ait pris alors une forme analogue à la forme typique de la société. Plus tard, Louis XI, Richelieu, Louis XIV, en constituant la monarchie française, ne purent détruire le lourd et puissant édifice qu'ils trouvèrent debout (1). Il ne s'écroula que dans la nuit du 4 août 1789.

Cette nuit mémorable vit du même coup tomber en poussière tous les organes du vieux monde. Les privilégiés euxmêmes apportèrent à la tribune de l'Assemblée nationale, comme sur l'autel de la patrie, les titres de leurs priviléges. Les droits d'aînesse et de primogéniture, les majorats, etc., furent anéantis. Comment l'Hypothèque, forme rudimentaire et féodale du Crédit, qui n'avait plus sa raison d'être, échappat-elle à cette Sainte-Barthélémy des abus? On n'en peut attribuer la cause qu'à la routine, à l'horreur des jurisconsultes pour les innovations et peut-être aussi à l'absence d'études bien approfondies des moyens de remplacer un ordre de choses établi.

Il est à remarquer d'ailleurs que les lois qui régissent la propriété sont celles parmi lesquelles le progrès s'accomplit le

---

(1) La bonne volonté ne leur a pas manqué cependant. Colbert, dans un discours prononcé en conseil, le 10 octobre 1665, semble avoir fait allusion à une partie des maux qu'occasionne le régime hypothécaire : « Il serait bien nécessaire, dit-il, de rendre difficiles toutes les conditions d'hommes qui tendent à se soustraire au bien général de tout état; ces conditions sont le grand nombre d'officiers de justice... et il serait bon de faciliter et rendre honorables et avantageuses, autant qu'il se pourra, toutes les conditions des hommes qui tendent au bien public, c'est-à-dire les laboureurs... » Huit ans après, en mars 1673, un édit fit cesser l'état de choses qui attachait alors l'Hypothèque générale, indéfinie, à tous les contrats authentiques et à tous les jugements sans manifestation spéciale.   (Note de l'Auteur.)

plus lentement. Toucher à la propriété, c'est toucher à l'Arche
sainte; d'où il résulte que l'esprit du passé prédomine encore
au milieu du monde nouveau et que notre Code de procédure
semble n'avoir eu d'autre but que de sauvegarder la propriété
débitrice contre le créancier réclamant, sans examiner d'ailleurs si la sauvegarde donnée au débiteur n'est pas en même
temps un avertissement au prêteur de ne pas se faire créancier d'un propriétaire.

Un débiteur ordinaire se voit en peu de jours dépouillé des
objets les plus indispensables à son existence et à celle de sa
famille, tout son mobilier est vendu, il est même privé de sa
liberté... Ce mal a cependant son côté avantageux, la certitude de pouvoir, le cas échéant, user de ces rigueurs est favorable au Crédit et encourage les transactions. Au contraire,
le propriétaire foncier peut se jouer pendant des années de
son créancier, ne court aucun risque de perdre sa liberté et
ne lâche le gage que lorsqu'il a épuisé tous les moyens de le
conserver. Ces difficultés, connues de tout le monde et pré-
vues à l'avance, tournent au détriment du propriétaire foncier besoigneux d'argent et éloignent les prêteurs.

L'injustice est flagrante; il est certain qu'une législation
pareille fait deux victimes : l'emprunteur et le prêteur. L'emprunteur, qui pour trouver péniblement de l'argent, a été
obligé d'engager ses immeubles, sa considération person-
nelle, d'ajouter au loyer du numéraire qu'il emprunte des
frais exorbitants, et qui, loin de profiter des délais et des re-
tards nécessaires pour réaliser le gage qu'il a fourni, n'y
trouve que le complément de sa ruine; le prêteur, qui ne
peut recouvrer qu'après de longues années la somme dans la
possession de laquelle il devait rentrer à jour fixe, et qui, par
ce seul fait, se voit dans l'impossibilité de faire de son argent
un nouvel emploi.

Entre ces deux êtres définis, se place, en outre, un être de raison, indéfini, le sol qui souffre et qui attend. Là est la solution du problème, du rendement de la terre; solution qui ne sera définitivement acquise que le jour où l'on aura détruit le régime hypothécaire.

Mais quelle est aujourd'hui la raison d'être de l'hypothèque? A quel principe se rattache-t-elle? C'est ce qu'on chercherait vainement dans les éléments constitutifs de la société contemporaine. La noblesse n'est plus qu'une distinction honorifique; nul privilége n'en découle. Fiefs, suzeraineté, droits incorporels inhérents au domaine, ne sont plus que de l'histoire. La Révolution a livré le sol aux bras du travailleur, quand elle a morcelé ce vaste héritage des biens nationaux.

« Lorsqu'on jette un coup d'œil sur l'ensemble de l'histoire
» du sol en France, disait hier un publiciste (1), il est impossible que le regard ne s'arrête pas ébloui devant la crise
» qui la transforma si brusquement. On croit lire un chapitre
» de la Genèse! C'est véritablement la propriété qui sort du
» chaos, de l'état rudimentaire où la retenait le système
» féodal; elle se civilise par l'égalité, par la liberté. De rocher
» qu'elle était la veille, elle devient en quelque sorte fluide
» comme le sang de nos veines. La vente des biens de main-
» morte, et de tout ce qu'on a compris sous le nom de Biens
» nationaux, créa non-seulement un état économique inconnu
» jusqu'alors, mais un état social qu'on ne soupçonnait pas.
» Ce fut comme un miracle! On entend aux profondeurs de
» l'histoire, ce grand soupir de joie qui souleva le sein de la
» nation Française, quand cette délivrance du sol annonça la
» délivrance du Peuple. L'histoire du sol, c'est l'histoire
» sombre de la faim et du despotisme. Or, la terre qui deve-

---

(1) Journal *la Presse*, n° du 17 mai 1858. Hip. CASTILLE : *le Sol et la Révolution.*

» naît stérile, on l'a constaté, sembla, tout-à-coup, se parer
» de moissons et de fleurs, quand le sol délivré s'en alla aux
» mains du travail par la volonté sainte de la Révolution. »

De quelle utilité peuvent donc être, après un pareil morcellement, les moyens conservateurs de l'unité de la propriété?
et s'il est démontré non-seulement qu'ils sont inutiles, mais
encore nuisibles, mal appropriés aux principes généraux et
aux besoins du temps, n'est-il pas urgent de les combattre?

Il résulte de ce qui précède, que, par suite des lenteurs et
des difficultés de la réalisation du gage donné au créancier
hypothécaire, que par le seul fait du privilége qui permet à
un seul créancier d'absorber la fortune du débiteur, le Crédit
n'est pour le propriétaire qu'une pure fiction. On verra bientôt que le système hypothécaire ne justifie pas mieux ses pré-
tentions au point de vue de la garantie, qu'au point de vue du
Crédit; que toute précaution peut rester vaine et que le prêteur sur hypothèque est exposé aux plus grands risques.

C'est vers 1820 que l'on commença à s'apercevoir de l'é-
trange oubli de la Révolution. Un gémissement profond comme
celui qui s'exhalait jadis des *cahiers* aux États-Généraux s'é-
chappa du sein des campagnes. Après 1830, quand sembla
revivre un moment le génie de la Constituante, on se décida
à procéder à une enquête. Les cours, les tribunaux et les fa-
cultés de droit furent appelés à formuler leur opinion.

De toutes les parties de la France arrivèrent des documents
raisonnés sur la situation hypothécaire et les besoins de la
propriété foncière, sous les divers régimes qui s'appliquent
plus ou moins dans les différentes zones territoriales. Ces travaux, recueillis sous le ministère de **M. Martin** (du Nord),
servirent à la rédaction d'un rapport qui prit le nom de ce
ministre.

Rien d'aussi curieux et rien d'aussi contradictoire que les
avis réunis dans ce volumineux recueil; et cependant rien de

plus accusateur des vices du système hypothécaire en général. Tantôt c'est la préconisation ou du moins l'admission, sauf à les modifier, de certaines dispositions du Code des hypothèques; tantôt c'est le rejet complet de ces mêmes dispositions. Mais l'autorité, la puissance des motifs est de ce dernier côté, tandis que l'on ne peut attribuer, comme en 1790, l'opinion conservatrice, qu'à la force de l'habitude et à la crainte d'entrer dans la voie des grandes réformes. Du reste on fut unanime sur ce point : que dans toutes ses parties le système hypothécaire est en désaccord absolu avec les besoins de la société, que la propriété foncière est ruinée par les risques qu'elle fait courir et par les priviléges qui l'entourent. M. Dupin, alors procureur-général, d'un mot spirituel et profond qualifia le système : « En France, dit-il, celui qui achète » n'est pas certain d'être propriétaire; celui qui paie n'est pas » certain d'être libéré et celui qui prête n'est pas sûr d'être » remboursé. » La Cour de Nancy fût plus terrible encore, elle précisa les faits, chiffra le mal. « Dans l'état hypothécaire » actuel, articula-t-elle, les emprunts entraînent un intérêt » de 13, 15 et 20 pour cent, non compris les frais d'expro- » priation et de purge. » La Cour de Riom s'exprime ainsi : « L'Agriculture est ruinée par les capitaux qui lui manquent » et par les capitaux qu'on lui prête. » La Faculté de Rennes et celle de Caen abordèrent plus franchement la question en ébauchant un programme à suivre pour remédier au mal. Mais ne devançons pas les conclusions de notre discours, ce programme trouvera plus loin sa place naturelle.

Les dangers qui entourent la propriété foncière et éloignent d'elle la bienfaisante influence du Crédit sont fort nombreux; ils résultent :

Des droits et priviléges cachés qui remontent quelque fois à des époques éloignées;

Des vices des contrats;

Des usurpations qui peuvent, par la prescription, enlever ses droits au propriétaire légitime et apparent;

Des hypothèques légales que le prêt hypothécaire ne peut purger, si ce n'est par une exception créée récemment au profit de l'institution du *Crédit foncier;*

Des rigueurs de la loi au sujet des formalités nécessaires pour assurer et conserver les droits, etc., etc.

Les jurisconsultes les plus conservateurs s'effrayent de ces différentes barrières aujourd'hui sans utilité. L'esprit et la forme du système en vigueur sont tellement usés, qu'aucun avantage n'y contre-balance les inconvénients qu'il présente. C'est en étudiant les différentes espèces d'hypothèques et de priviléges que nous allons le démontrer.

CHAPITRE III.

Les Hypothèques sont de diverses natures; elles naissent de différents motifs. On les distingue et on les classe de la manière suivante :

Hypothèque ou privilége du vendeur;

Hypothèques légales
- de la femme mariée,
- du mineur
- de l'interdit,
- de l'état et des communes;

Hypothèques conventionnelles et judiciaires;

Ajoutons à cette nomenclature les priviléges qui produisent les mêmes effets que l'Hypothèque.

Ces droits, avons-nous dit, sont aujourd'hui sans utilité, ajoutons qu'ils sont injustes. L'Hypothèque nuit au Crédit en général, cela a été démontré plus haut; mais chaque espèce d'hypothèque ne garantit pas complètement celui auquel la loi la concède, ou bien encore, elle laisse dans une inégalité inexplicable les différents individus d'une même catégorie; c'est ce que nous allons faire comprendre.

HYPOTHÈQUE OU PRIVILÉGE DU VENDEUR. — La loi n'accorde au vendeur d'un objet mobilier aucun droit de revendication sur l'objet vendu, en cas de non paiement (1). Par le seul fait de la livraison, la chose vendue entre définitivement et complètement dans l'actif de l'acquéreur, et si, par suite d'une saisie exécution ou de faillite, il y a vente mobilière, le prix en est distribué entre tous les créanciers au marc le franc, d'après le montant de leurs titres respectifs. Il n'en est pas de même pour un immeuble. Tant qu'il n'est pas entièrement désintéressé, l'ancien propriétaire reste *créancier hypothécaire privilégié* et vient prendre avant tout autre le prix de sa propriété revendue, et ce jusqu'à concurrence de ce qui lui reste dû en principal, intérêts et frais; ce vendeur a même le droit d'obtenir la remise de l'immeuble, en faisant prononcer la résolution du contrat de vente.

Pourquoi cette inégalité entre deux personnes opérant des transactions identiques?

La loi a-t-elle eu pour but d'avantager le vendeur d'immeubles?

Si telle a été son intention, elle n'a pas réussi, il s'en faut de beaucoup, car cette clause pèse si lourdement sur l'immeuble, qu'à l'inverse de ce qui arrive pour les choses mobilière, le prix d'une terre vendue à crédit n'est pas supérieur à celui d'une autre vendue au comptant, que peu d'acquisitions d'immeubles se font à terme, ce qui diminue considérablement le mouvement de circulation de la propriété, et qu'enfin, il est plus difficile de conclure la vente d'un morceau de terrain peu important, que de traiter une affaire

---

(1) Il n'y a d'exception qu'en cas de faillite ; *art. 576 Code de commerce.*
(Note de l'Auteur).

commerciale d'une valeur quinze ou vingt fois plus considérable.

La loi a-t-elle prétendu procurer plus de facilités à l'acheteur en lui accordant du temps pour sa libération? —

Pas davantage, car tant qu'il n'aura pas payé intégralement le prix de son acquisition, il lui sera tout-à-fait impossible de contracter aucun emprunt avec affectation sur cet immeuble, fût-ce pour l'aménager, l'amender, l'améliorer et le faire valoir.

Qu'est-ce donc que ce privilége qui crée une distinction injuste entre deux vendeurs, par ce que l'un vend de la terre et l'autre des produits de la terre, qui n'offre aucun avantage à celui qu'il veut protéger et qui fait tant de mal à celui sur qui il pèse?

L'abolition du privilége du vendeur ne saurait avoir pour effet d'arrêter les transactions immobilières; soumis au même régime que le commerçant, le propriétaire serait bien forcé de faire comme celui-ci, il vendrait à crédit moyennant un prix supérieur, ou bien, moyennant une concession, il vendrait au comptant. Bientôt l'usage serait établi, la propriété acquierrait une valeur inconnue jusqu'à ce jour, la confiance serait la base principale des transactions, la vente des biens fonds deviendrait plus facile et par conséquent le Crédit naîtrait pour ceux qui les possèdent.

L'HYHOTHÈQUE DE LA FEMME MARIÉE. — La femme étant déclarée incapable par le seul fait du mariage, et la loi lui refusant la faculté de surveiller elle-même ses intérêts, il était juste que le législateur y veillât pour elle; il en est de même pour le mineur et l'interdit, et nous applaudirions les dispositions de notre Code, qui stipulent des garanties en faveur de ces incapables, si la protection qu'elles ont voulu leur accorder sauvegardait au même degré les intérêts de *toutes* les femmes, de *tous* les mineurs et de *tous* les interdits; mais il n'en est rien.

Ici reparaît le génie féodal, basé sur la noblesse héréditaire, sur la conservation du fief. De même que nous avons vu à Rome vingt-deux mille citoyens et deux cent mille esclaves, en France, dans la Constitution de 1791, une subtile distinction entre les citoyens *actifs* et les citoyens *passifs*, sous la Restauration et sous Louis-Philippe un petit nombre de censitaires opposés à l'universalité de la population, de même, il faut bien se résoudre à ne trouver dans l'Hypothèque légale de la femme et du mineur qu'une de ces barrières nombreuses qui séparaient la propriété du prolétariat.

Le Moyen-âge, gouvernement de la famille appuyé sur le fief, obéit à deux préoccupations : sauver le fief, sauver la source familiale. Les femmes et les enfants dont on s'occupait alors n'étaient que les femmes et les enfants de *famille :* il n'était point question des prolétaires qui, ne possédant rien, n'avaient pas besoin de garantie.

Pour sauvegarder les droits de ces femmes et de ces mineurs, la meilleure sûreté que l'on put leur donner résidait, sans contredit, dans les immeubles que la noblesse possédait seule; on leur accorda un privilége sur les biens du mari et du tuteur. Ceux que la coutume, qui remplaçait alors la loi, voulait protéger étaient effectivement et sérieusement protégés par l'Hypothèque légale. Mais au fur et à mesure que le cercle des richesses s'agrandit, quand le développement de l'industrie eut créé à côté de l'aristocratie de la famille, l'aristocratie de l'argent, la loi se trouva souvent sans application possible. Les manants et les vilains devenus riches ne possédaient pas nécessairement des immeubles : d'ordinaire leur fortune n'était composée que de valeurs mobilières, qui ne garantissaient ni l'apport dotal de la femme, ni les biens du mineur en tutelle. Enfin, quand la Révolution eut supprimé les droits seigneuriaux, quand elle eut rangé tous les citoyens dans une seule catégorie, quand l'égalité du partage et la liberté eurent répandu la fortune chez les déshérités d'autre fois, l'application de la loi faite en faveur de la femme et du mineur ne reçut plus d'application que par hasard, et ses dispositions ne furent plus qu'un leurre pour la plupart de ceux qu'elle devait protéger.

Les législateurs qui venaient de régénérer la France, en ramenant tout au principe d'égalité, ne tardèrent pas à s'apercevoir que l'Hypothèque légale qui était une entrave aux transactions, n'était réellement qu'un semblant de protection, et le 9 thermidor an III, en réglant à nouveau le régime hypothécaire, ils la biffèrent purement et simplement.

Malheureusement ce souffle du génie national, sorti des Etats-Généraux pour enflammer les hautes intelligences qui conçurent et échafaudèrent le plan de la Révolution, s'éteignit bientôt. Il s'évanouit dans le sang et dans les larmes du drame de 93. Aux grands constituants qui avaient posé les premières assises du droit nouveau, succédèrent les tragédiens de la Convention et les fêteurs du Directoire contre lesquels lutta vainement le génie de Napoléon. La loi du 11 brumaire an VII rétablit les Hypothèques légales en les soumettant, comme toutes les autres, à la condition de l'inscription. Puis, le Code Napoléon, consacrant de nouveau ce genre de garantie, (article 2135), dispensa de l'inscription les Hypothèques légales de la femme mariée, du mineur, etc. Toutefois, le Code de commerce est venu modifier le Code Napoléon.

Ce dernier reconnaît que *toutes* les femmes indistinctement ont hypothèque légale sur *tous* les biens de leurs maris; le Code de commerce refuse à la femme du commerçant ce droit sur *tous les biens du mari autres que ceux qu'il possédait au jour du mariage, ou qui lui sont advenus depuis, par donations entre vifs ou testamentaires.* Cette dérogation au principe général prouve que le désir du législateur, de conserver à la femme mariée ses droits, a été primé par la nécessité de laisser au commerçant la plénitude de son Crédit.

Cette violation des intérêts de la femme mariée, au profit de l'intérêt commercial, n'est pas la seule que la loi sanctionne; nous allons voir comment, par un circuit de procédure, elle arrive à dénaturer la créance de la femme et à anéantir les précautions prises en sa faveur.

Un mari veut vendre ses immeubles; ou bien la femme intervient au contrat et donne main-levée de son droit hypothécaire, ou bien elle refuse son concours à la vente et fait opérer l'inscription de son hypothèque, sans toutefois pouvoir faire prononcer sa séparation, parce que la position financière du mari est du reste bonne et que rien ne motive, quant à présent, une mesure semblable.

Dans le premier cas le gage disparaît, le mari profite de sa valeur. La femme dira-t-on a consenti à ce qu'il en fut ainsi, elle n'a pas le droit de se plaindre. Soit, mais pourquoi donner à la femme une protection dont elle peut se dépouiller quand elle voudra? Pourquoi, si elle est incapable et si elle a besoin d'être défendue contre son mari, la relever de cette incapacité, par le seul fait de l'autorisation du mari lui-même, précisément au moment où se manifestent les empiètements de l'autorité maritale et les dangers qui en résultent pour la femme?

Dans le second cas le gage disparaît encore. — Une demande en rapport de prix est formée, ou un ordre est ouvert, par ce qu'il faut bien que l'acquéreur opère sa libération; la femme produit et se fait colloquer, le prix de l'immeuble lui est attribué; mais, sa créance a changé de nature : d'immobilière qu'elle était, et comme telle, hors de la portée du mari, elle est devenue mobilière, c'est-à-dire qu'elle tombe dans les mains de celui-ci qui en touche le montant en sa qualité d'administrateur des biens mobiliers de sa femme (1)! La créance de la femme existe toujours, par fiction, elle s'est éteinte un moment, pour renaître dans son intégralité, mais elle renaît dépouillée des garanties qui avaient semblé devoir la protéger.

Sans doute, il était impossible d'interdire à l'époux le droit de vendre ses immeubles; sans doute, on ne pouvait ordonner l'immobilisation du prix de ces ventes : le faire eut été entraver la liberté du mari, et peut-être causer sa ruine, mais, qu'est donc une loi dont il est si facile d'éluder les dispositions?

Quand un principe protecteur est admis en faveur d'une classe de personnes, il faut, sous peine de voir dégénérer ce principe en injustice, que la protection soit égale pour toutes les personnes de cette classe.

Or, toutes les femmes mariées sont-elles protégées par la loi? Nous répondons Non! Toutes les femmes mariées n'ont pas la garantie que la loi semble leur assurer, puisque la loi n'accorde son appui qu'à celles dont les maris possèdent des immeubles, et que dans cette dernière catégorie, il faut encore distinguer, comme moins protégées, celles qui sont mariées à des commerçants, celles qui ont eu la faiblesse ou le dévoue-

---

(1) La femme séparée de biens touche elle-même, avec l'autorisation du mari ou de la justice, le montant de ses créances; mais il faut remarquer que la séparation de biens n'est prononcée que lorsque le désordre des affaires du mari met les reprises de la femme en danger, et que la vente d'un ou de plusieurs immeubles n'est pas nécessairement le signe d'embarras, de gêne ou de désordre dans les affaires.

(Note de l'Auteur)

ment de cautionner leurs maris, ou de donner main-levée de leur hypothèque, et enfin, celles qui n'ayant pas cédé, voient, par l'usage des finesses de la procédure, leurs droits changés et anéantis complètement et leur résistance à l'autorité du chef de la communauté, n'aboutir qu'à des frais, à des lenteurs préjudiciables à tous deux et à des discussions et des divisions fâcheuses entre les époux.

Assurer à la femme mariée ses reprises serait, sans contredit, une excellente mesure, si cette assurance était égale pour *toutes* et si elle ne présentait pas l'inconvénient de léser de graves intérêts ; mais, en tout état de cause, une pareille garantie devrait être proportionnée aux risques. Or, conférer à une femme mariée, qu'elle ait, ou qu'elle n'ait pas de reprises à exercer, le droit d'hypothèque sur les biens de son mari, c'est dépasser le but que doit se proposer une loi protectrice et c'est ce qui arrive fréquemment.

Non seulement, comme nous venons de le voir, il est un grand nombre de femmes qui n'ayant aucun droit à exercer, conservent, néanmoins, l'hypothèque légale sur les biens de leurs maris, mais cette hypothèque persiste, même après la séparation de biens, après le remboursement de tout ce qui est dû à la femme, alors que le mari n'a plus la gestion de la fortune de celle-ci et les profits qui en étaient la conséquence, et qu'il n'est plus chargé que de la surveillance de l'emploi des deniers de sa femme, surveillance encore limitée par le contrôle de la justice, qui peut accorder l'autorisation que le mari a cru devoir refuser !

Disons-le donc hautement, ou bien, à l'instar d'un philosophe moderne (1), il faut considérer la femme comme un être inférieur condamné à une éternelle minorité, et alors

---

(1) Proudhon : *De la Justice dans la Révolution.*

son incapacité doit être telle que le mari, moins que tout autre, puisse la faire disparaître, ou bien, il faut que les nécessités d'un ordre supérieur et plus général prévalent, et que la femme mariée se borne à l'exercice des stipulations particulières de son contrat de mariage.

Ainsi pour l'une, ce pourrait être le régime dotal, qui rend immuables les propriétés de la femme ; pour une autre ce serait le régime de la séparation, qui abandonne à la femme la libre disposition de ses revenus et l'emploi facultatif du capital, sous la surveillance du mari ; pour les autres, enfin, ce serait le régime de la communauté légale, c'est-à-dire, l'association établie de telle sorte que la femme prend part aux bénéfices, sans courir le risque des pertes.

Tels sont les seuls moyens de faire disparaître des inégalités monstrueuses et d'accorder des garanties certaines qui manquent le plus souvent, malgré les précautions du législateur.

HYPOTHÈQUE LÉGALE DU MINEUR ET DE L'INTERDIT. — Tout ce que nous venons de dire sur la solidité de la garantie accordée par la loi à la femme mariée, s'applique aux mineurs et aux interdits ; la tutelle est repoussée par ceux qui possèdent des immeubles, et dès lors, bien souvent, la gestion tutélaire manque de garanties, ou bien, quand la tutelle est forcée, des immeubles importants sont grevés, sans utilité, par ce que le mineur ne possède rien. *La même inégalité dans la répartition de la protection et les mêmes inconvénients se produisent pour les tuteurs comme pour les maris.*

La loi qui a voulu garantir le mineur n'a pas atteint son but, nous venons de le démontrer ; elle lui a donné un droit d'hypothèque, mais, presque toujours ce droit n'a aucune application, par ce que le tuteur ne possède pas d'immeubles. — Elle a chargé l'Etat de surveiller l'administration tutélaire, mais cette surveillance n'est guère que nominale et le tuteur peut prévariquer dans l'exercice de ses délicates fonctions, sans qu'il rencontre un obstacle...

La paternité de l'Etat devrait se manifester autrement que par de stériles prescriptions, et le législateur doit prendre des précautions efficaces pour mettre la fortune de ses enfants d'adoption à l'abri de toute atteinte, il ne le peut que par une mesure qui obligerait le tuteur à faire emploi des capitaux de son pupille, rendrait le débiteur qui se libère, responsable de l'accomplissement de cet emploi et chargerait un fonctionnaire spécial de la surveillance des tutelles et de l'exécution des dispositions légales qui y sont relatives.

Or, comme le tuteur n'a aucun droit sur la fortune de son pupille, l'interdiction de disposer librement des deniers qui ne lui appartiennent pas, ne lui causerait aucun préjudice et au contraire, sa position serait singulièrement allégée, si, moyennant une interdiction pareille, il était délivré de l'hypothèque légale.

Par ce moyen tous les mineurs seraient garantis dans la mesure de leurs droits et de leurs besoins, et l'on ne verrait plus des tuteurs dont les biens grevés sans cause réelle, se trouvent pour ainsi dire retirée pendant longtemps de la circulation ; chacun y trouverait un avantage facile à apprécier.

HYPOTHÈQUE LÉGALE DE L'ETAT ET DES COMMUNES. Si l'Hypothèque légale de la femme mariée et du mineur puise sa source dans un sentiment d'équité, il n'en est pas de même de celle de l'Etat. Elle ne se justifie à aucun titre. Les employés qui y sont soumis ont généralement fourni un cautionnement ; ce cautionnement est le même pour ceux qui possèdent des immeubles que pour ceux qui n'en possèdent pas. En leur confiant le maniement de ses fonds, l'Etat n'a pas eu à se préoccuper des garanties qu'ils pouvaient présenter en dehors du cautionnement réglementaire ; si ce cautionnement lui a paru suffisant, il ne doit pas arriver dans le partage des biens de ses agents, à d'autre titre que celui de créancier ordinaire. L'Hypothèque de l'Etat est donc inique, puisqu'elle apporte une inégalité dans les conditions d'employés du même grade et chargés des mêmes fonctions.

LES HYPOTHÈQUES CONVENTIONNELLES ET JUDICIAIRES. — Quant aux Hypothèques conventionnelles et judiciaires, nous avons démontré en commençant qu'elles sont un obstacle réel au Crédit foncier et agricole. Nées d'une disposition de la loi, la loi peut les supprimer, et leur abolition inspirera au Capital la confiance qu'il a refusée jusqu'à ce jour aux propriétaires d'immeubles.

Quelques soins que les législateurs aient apportés à l'appropriation de la législation sur les Hypothèques, si nombreuses et si intelligentes que soient les modifications qui y ont été faites par les divers gouvernements qui se sont succédé, il a été impossible d'en atténuer et d'en cacher les défauts : ils se révèlent et percent de toutes parts et les efforts tentés, soit pour remanier tout le système, soit pour l'aménager selon les besoins de l'époque, n'ont abouti qu'à démontrer le vice radical du principe en lui-même, et l'inutilité de ce principe, condamné désormais à une destruction fatale et prochaine.

CHAPITRE IV.

Les priviléges accordés à certaines créances, doivent être mis sur la même ligne que les Hypothèques légales, judiciaires ou conventionnelles; aussi inutiles et aussi peu efficaces à produire la confiance, ils deviennent, dès-lors, aussi nuisibles qu'elles, à l'expansion du Crédit (1).

Examinons, une à une, ces superfétations, nous dirions presque ces excroissances maladives de notre droit civil, et nous prouverons qu'après avoir, pendant un certain laps de temps, justifié d'une raison relative d'existence, toutes, aujourd'hui, sont devenues vaines et tombées en mépris dans la pratique. Elles figurent là comme les épouvantails mis dans un champ pour éloigner les oiseaux. Elles ne protègent rien, l'habitude seule les fait conserver : Ce sont des sentinelles

---

(1) Un privilége, qui ne se justifie, ni par une nécessité absolue et incontestable, ni par des résultats avantageux et palpables, n'est et ne saurait être autre chose qu'un droit excessif et exorbitant.

(Note de l'Auteur.)

endormies qui pactisent innocemment avec l'ennemi et qui, sans rendre les mêmes services , tiennent la place d'une armée vigilante et active.

La loi privilégie notamment les ENTREPRENEURS ET LES ARCHITECTES, LES MÉDECINS, LES PHARMACIENS, LES INSTITUTEURS, LES DOMESTIQUES ET GENS DE SERVICE ET LES FOURNISSEURS.

Nous laissons de côté, pour la fin de ce chapitre, le privilége des *entrepreneurs* et des *architectes ;* c'est le seul justifiable dans l'état actuel de la législation.

Lorsque les soins manquaient aux malades, quand l'éducation n'avait pas encore à son service une armée nombreuse et savante de professeurs, du temps où les domestiques faisàient partie inhérente de la famille et touchaient leurs gages au gré et presque au bon plaisir de leurs maîtres, à l'enfance du commerce, la loi prévoyante et sage se préoccupa d'accorder aux *médecins*, aux *pharmaciens*, aux *instituteurs*, aux *domestiques* et aux *fournisseurs* une garantie pour le prix de leurs soins, de leurs remèdes, de leur labeur, de leurs services et de leurs marchandises. Il y avait en jeu la question d'humanité, de civilisation, de confiance et de sécurité. Il fallait à tout prix sauver les malades, élever une génération, protéger les serviteurs et encourager les transactions mercantiles.

Grâce à Dieu, nous n'en sommes plus là aujourd'hui.

Le médecin donne ses soins sans se préoccuper du privilége que la loi lui accorde; il visite le pauvre et le riche avec la même sollicitude, et lorsque celui qui peut payer ne lui solde pas ses honoraires, il use rarement du privilége que la loi lui confère. Ce privilége d'ailleurs protége mal le médecin, puisqu'il ne peut l'exercer, ainsi que le pharmacien, que pour les frais de la dernière maladie, il faudrait donc qu'il se hâtât, pour l'utiliser, de peur qu'un nouveau mal ne vînt périmer ses droits... Singulière prescription que celle d'un droit, par la naissance d'un autre droit complètement différent en tant qu'événement, mais identiquement semblable par sa nature (1) !...

L'éducation sur laquelle l'Etat exerce une surveillance et une protection de tous les instants, lorsqu'elle n'est pas distribuée dans les établissements publics, tombe dans le domaine de la spéculation privée. Les chefs d'institutions ne sont plus que des industriels qui travaillent au même titre que les autres commerçants ; qu'ont-ils donc de plus intéressant qu'un banquier ou tout autre négociant ?

Les domestiques et les gens à gage sont maintenant payés toutes les semaines ou tous les mois et souvent même par anticipation.

Enfin, ce que nous disions plus haut des instituteurs s'applique parfaitement aux fournisseurs.

Comme pour les médecins, le privilége de ces trois dernières catégories est essentiellement restrictif. Les six mois ou l'année accomplie, chaque jour voit disparaître la garantie des soins, des services ou des livraisons rendus ou faits au commencement de la période.

Dès lors, le législateur qui a cru favoriser le débiteur, en lui ouvrant un Crédit, a produit un effet diamétralement opposé. Médecin, pharmacien, domestique, instituteur ou fournisseur, si je veux user du droit que la loi m'a ouvert, je n'attends pas, pour prendre des précautions contre mon débiteur, c'est-à-dire, pour exercer des poursuites rigoureuses,

____

(1) L'art. 2101 du Code Napoléon ne semble s'appliquer, par sa lettre, qu'à la dernière maladie qui précède le décès du débiteur ; la jurisprudence en a décidé autrement. Elle l'a fait justement, puisqu'il est rationel d'accorder au médecin qui a guéri son malade une rémunération au moins égale à celle qu'obtient le médecin dont le malade est décédé.   (Note de l'Auteur.)

que l'échéance du terme fixé à mon privilége soit arrivée. J'agis, et j'agis avec d'autant plus d'animosité que le repos que j'ai accordé n'est pas dû à la confiance inspirée par le débiteur, mais simplement par le privilége légal. Je me suis dit : je peux toujours aller, la loi est là, je serai payé, ou personne ne le sera. Mais du jour où la loi va me retirer sa protection, du jour où je vais retomber sous la règle ordinaire, je ne vois plus qu'une chose : rentrer dans mes avances, avant que je ne sois dépouillé de ma garantie.

Voilà donc où mènent ces prétendues facilités. Si c'est en faveur de l'humanité que la loi a consenti ces priviléges, si elle a voulu venir en aide à des êtres souffrants, faibles ou incapables, elle ne devait pas, après un certain temps de protection, retirer tout à coup sa main, pour les abandonner dans une situation qu'elle leur a faite dangereuse et sans issue.

Lorsque les créanciers privilégiés se sont emparés de l'actif de leur débiteur malade depuis six mois, celui-ci est-il donc moins intéressant? Sans les priviléges, son Crédit aurait pu se prolonger encore jusqu'à ce que la santé lui revint; dans la position que lui a faite forcément la loi qui semblait devoir le protéger, que lui reste-t-il désormais? Dépouillé, sans crédit, sans médecin, sans domestiques, peut-être même sans linge, car la loi n'accorde qu'un lit au débiteur exproprié, il ira mourir à l'hôpital! et cela par ce qu'une loi bienveillante lui a accordé six mois de crédit !...

Il nous serait facile de démontrer que la bienveillance et la bonté de la législation actuelle, en envoyant, à l'hôpital l'individu qu'elle protége, a en même temps frustré les autres créanciers de cet homme, en les empêchant d'entrer en partage avec les créanciers privilégiés. Cependant leurs titres étaient-ils moins sacrés ?

A quoi servent d'ailleurs ces priviléges, pour ceux qui auraient absolument besoin de crédit? forcent-ils le médecin et le pharmacien à soigner l'indigent? contraignent-ils le maître de pension à recevoir le fils du pauvre et engagent-ils les fournisseurs à nourrir et habiller l'homme manquant de pain et de vêtements? — Non, ils ne garantissent du paiement, que ceux qui traitent avec les gens qui possèdent.

Il faut donc bien le reconnaître, les privilèges accordés avec une si bonne intention sont plus nuisibles qu'utiles, par ce qu'ils repoussent tout autre genre de Crédit, ou tout au moins, ils sont sans objet, puisqu'ils ne procurent de Crédit qu'à ceux qui n'en ont pas besoin (1).

Heureusement pour l'humanité, ces droits exorbitants ne trouvent plus, dans nos mœurs actuelles, matière à application. La conscience privée et publique est moins dure que la loi. La créance s'arrête au seuil du moribond. Mais, il suffit qu'un mal soit possible, pour qu'on doive en détruire les causes. Puis, nous ne saurions trop le répéter, c'est moins par ses mauvais

-----

(1) Nous n'avons pas à traiter ici des privilèges qui ne s'exercent que sur les meubles, mais nous ne pouvons laisser échapper l'occasion d'exprimer ce que nous pensons du privilège accordé au propriétaire sur le mobilier garnissant les lieux loués. A nos yeux ce privilège est monstrueux, il est sans cause légitime et il ne profite qu'au propriétaire riche qui n'a que des locataires *convenables* et pourvus de mobilier; — il est sans cause légitime, par ce que nous ne sommes plus au temps où l'on devait encourager les constructions — les logements ne manquent pas; — il ne profite qu'au propriétaire riche, car quelle garantie ce privilège donne-t-il au petit propriétaire qui n'a pour fermiers que des *ménagers* et pour locataires que des *ouvriers* dont le mobilier sans valeur ne couvrirait pas les frais de justice?

C'est déjà, suivant nous, un assez beau privilège pour la grande propriété que de n'avoir affaire qu'à des gens aisés, qui garnissent la ferme, la maison ou l'appartement de valeurs considérables, sans qu'on y ajoute encore un droit qui prime les droits de tous les autres créanciers.

4

actes, que par ses mauvais effets, que se manifeste le régime
des privilèges. S'il est tombé en désuétude, c'est que sa
grossière rigueur ne trouvait pas de *criterium* dans les habi-
tudes policées du commerce actuel; mais il effraie le Crédit;
c'est une épée toujours suspendue au-dessus de la tête de l'emprunteur et qui, en tombant, percerait fatalement avec lui le
prêteur assez imprudent pour avoir confondu leurs intérêts.

Nous venons d'exposer que le débiteur, au lieu d'être favo-
risé, était écrasé par le privilège; examinons maintenant si le
créancier qui en profite est équitablement en droit d'y prétendre.

S'il en était ainsi, complétant son système, la loi aurait dû
établir une échelle *complète* des dettes d'après leur nature
pour régler l'ordre de leur paiement, cela ne tendrait rien
moins qu'à donner une existence légale et une apparence
de logique à cette règle de bienséance qui a déclaré que
les dettes de jeu étaient sacrées.

Pourquoi plus sacrées que celles contractées chez un bottier
ou un restaurateur. Le monde les a faites sacrées, par ce que
la loi ne les reconnaît pas, et la loi ne les reconnaît pas par ce
qu'elle veut qu'une obligation, qui est une chose *morale*, re-
pose sur une cause *morale*. Ou donc sont les raisons qui font
plus morale l'obligation contractée chez un fournisseur vendant sa marchandise à crédit que l'obligation contractée vis-
à-vis d'un banquier qui prête de l'argent sur billet? l'une est
aussi légitime que l'autre. Avec ce que m'ont procuré les
fournisseurs, j'ai vécu; avec l'argent que j'ai emprunté, j'ai
payé mes fournisseurs!

En vain objecterait-on que celui qui prête de l'argent sti-
pule un intérêt à son profit, tandis que le marchand n'en sti-
pule aucun. D'abord, tous les prêts d'argent ne sont pas con-
sentis avec stipulation d'intérêts, puis le marchand, en dehors
du bénéfice sur l'objet vendu, bénéfice souvent considérable,

ajoute, lorsqu'il vend à crédit, une somme largement représentative de l'intérêt de son argent pendant toute la durée du marché à terme. Or, en définitive, qu'est-ce que l'intérêt, si ce n'est le Bénéfice de l'argent? Bénéfice restreint légalement, tandis que le Bénéfice du négoce est libre et peut s'élever, suivant certaines branches d'industrie, jusqu'à 50 pour cent et au-delà.

Nous n'entrerons pas ici dans une critique des lois sur l'usure, mais nous ferons remarquer, en passant, qu'une législation qui placerait le prêteur d'argent dans des conditions aussi favorables que celles qui sont faites au vendeur d'objets fabriqués, arriverait bien plus sûrement au développement du travail et de la production (1).

L'usure ne s'exerce pas seulement dans le commerce de l'argent. Tel marchand vendant à crédit élèvera son prix d'autant plus haut, qu'il croit courir plus de mauvaises chances et que son débiteur est plus gêné : peut-on assurer que dans certains cas, la dette usuraire proprement dite, ne se cache pas sous le mémoire complaisant d'un fournisseur plus banquier que marchand. Cependant la loi a privilégié cette dette, elle sera payée avant toutes les autres. Nous le demandons : est-ce équitable? et peut-on encore conserver les vestiges surannés d'une législation en désaccord avec les mœurs, les intérêts des particuliers, l'intérêt général et la raison.

Pour ce qui est du privilége de l'architecte et de celui de l'entrepreneur, c'est un droit privatif né du système hypothécaire, il doit nécessairement disparaître avec lui. Avec

---

(1) « Toutes les fois qu'un emprunt a pour emploi des travaux utiles, » directement ou indirectement productibles, qu'est-ce donc autre » chose en effet qu'une avantageuse commandite? »

M. DE GIRARDIN, *La Dette, l'Emprunt et l'Impôt.*

ce système, les créanciers inscrits auraient profité seuls des augmentations et des améliorations faites à l'immeuble hypothéqué, il était donc nécessaire de trouver un moyen de donner à ceux qui procurent ces améliorations un privilége qui leur assurât le remboursement du prix de leurs travaux.

Les hypothèques abolies, il n'en est plus ainsi, les architectes et les entrepreneurs viennent en concurrence avec les autres créanciers dans le partage de tous les biens du débiteur.

Est-il nécessaire d'ajouter maintenant que tous les priviléges doivent être abolis comme les hypothèques, et avons-nous été injustes en déclarant, au commencement de ce chapître, qu'ils étaient nuisibles au Crédit?

Supprimés de fait pour la plupart, par les contradictions qu'ils impliquent avec nos mœurs et nos usages, sans raison d'être, sans sanction pratique, il est à souhaiter que la loi intervienne pour effacer leurs noms de nos Codes.

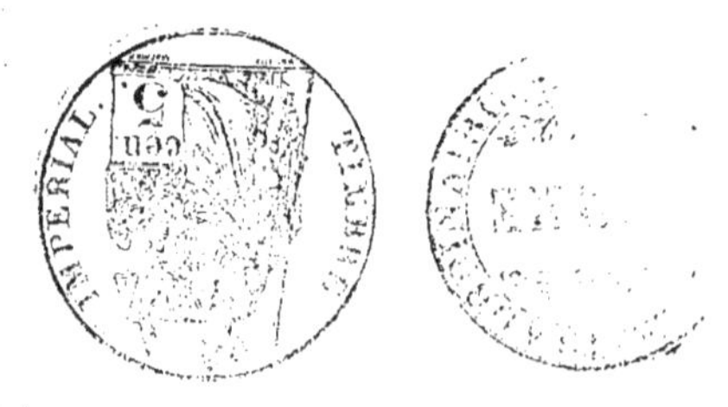

CHAPITRE V.

Jusqu'à présent, nous nous sommes uniquement occupés des inconvénients et des dangers que présente le système hypothécaire actuel et nous avons successivement démontré dans les chapitres qui précèdent :

Que le propriétaire d'immeubles était, devant le Crédit, dans une condition bien inférieure à celle du négociant ou du spéculateur;

Qu'on devait attribuer la cause de cette infériorité à l'origine toute féodale du régime hypothécaire, origine que n'ont pas encore complètement effacée les révolutions de 1789 et de 1850, le morcellement de la propriété et le développement du Crédit;

Que les hypothèques et les priviléges sont injustes, puisqu'ils ne protègent pas tous les individus, et qu'ils garantissent plus ou moins suivant les circonstances et par hasard ceux dont il devrait sauvegarder les intérêts complétement; toujours insuffisants et nuisibles puisqu'ils se retournent souvent contre ceux qu'ils sont appelés à couvrir et qu'ils ne sont établis qu'au détriment des tiers intéressés.

Enfin, que toute la procédure qui en découle est ruineuse, injustement temporisatrice, surannée, incompatible avec le Crédit et avec nos mœurs civiles, commerciales et économiques.

Nous ne nous bornerons pas à la critique de ce qui existe, et nous croirions laisser notre tâche inachevée si, après avoir décrit le mal, nous n'indiquions pas en même temps les moyens d'y remédier.

Ces moyens sont de deux sortes :

Ceux qui sont propres à rassurer les propriétaires fonciers, et ceux qui sont destinés à vivifier le Crédit foncier en général.

En énumérant à la fin du deuxième chapitre de cette brochure les dangers qui entourent la propriété foncière, nous avons mentionné en première ligne : les droits et priviléges cachés remontant souvent à des époques éloignées, les vices des contrats, les usurpations qui peuvent par la prescription enlever ses droits au propriétaire apparent. Là sont les maux qui affectent l'élément foncier en lui-même. Le jour où on les aura fait disparaître, le propriétaire ne sera plus, comme le disait M. Dupin, incertain de conserver l'immeuble qu'il aura acquis.

Tels que l'usage les fait rédiger, les contrats ne sont qu'indicatifs de l'objet vendu, s'ils étaient démonstratifs ils ne permettraient pas les erreurs si fréquentes (1).

---

(1) Quand l'objet du contrat est limité par des murs, comme une maison, quand il s'agit d'un corps certain et d'une forme invariable, l'erreur ne peut guère être commise ; il n'en est pas de même d'un champ qui n'est pas enfermé dans des bornes, ou dont les bornes

La fraude, qui est toujours facile, puisque, ne faisant pas de délivrance effective, on peut vendre plusieurs fois le même immeuble, ou celui dont on n'a pas la propriété, la fraude trouve tant d'indulgence dans la loi, que l'on est étonné de ne pas la voir commettre plus souvent (1).

Les anticipations sont fréquentes et donnent lieu à des contestations ruineuses dont les frais dépassent presque toujours, de beaucoup, l'intérêt du débat. Ici encore le contrat est insuffisant puisqu'il ne peut s'opposer en rien aux anticipations totales ou partielles que vient consacrer la prescription. Notons en passant que la transcription du contrat n'a pas plus d'effet que le contrat lui-même.

Il est temps que la transmission de la propriété immobilière soit rendue aussi certaine et aussi aisée que celle d'un objet mobilier dont la livraison se fait de la main à la main, que l'anticipation devienne impossible et que l'on efface du Code la consécration du *vol* de la propriété foncière : *la prescription*.

Un plan cadastral bien fait pourrait, selon nous, remplacer tout autre titre. Un registre matricule joint à ce plan figuratif, pour chaque arrondissement ou même pour chaque

---

peuvent disparaître. Souvent, non-seulement les champs n'ont pas de bornes, mais leur étendue n'est pas bien déterminée par le contrat ; aussi voit-on presque toujours une désignation de contenance accompagnée de ces mots : *ou environ*, ce qui peut s'étendre légalement, en plus ou en moins, jusqu'au vingtième de la contenance déclarée (*Art. 1619 du Code Napoléon*).   (Note de l'Auteur.)

(1) Celui qui vend un immeuble qu'il sait ne pas lui appartenir commet au moins une escroquerie, et cependant la loi pénale est muette à son égard ; il faut que le stellionnat soit accompagné de circonstances particulières, pour qu'il rentre sous l'application des dispositions générales de l'art. 405 du Code pénal.   (Note de l'Auteur.)

canton, en relatant le contrat de mutation, énoncerait le nom de chaque propriétaire, les titres antérieurs sur lesquels se constitue son droit, et aucune vente, donation, partage ou toute autre mutation ne serait définitivement accomplie qu'après la transcription cadastrale.

Le projet de remplacer le mode actuel des mutations immobilières par l'inscription sur le plan cadastral ne serait que l'adoption, proposée par la Faculté de droit de Caen, d'un procédé déjà expérimenté par la banque territoriale allemande, et qui a été introduit dans le projet de loi présenté en juillet dernier, à la chambre des pairs du Portugal, sous le nom de *codigo regulamentar de credito predial* (*Code réglementaire du Crédit foncier*), par M. Silva Ferrao, membre de cette chambre et du tribunal suprême de justice, ancien ministre et ex-professeur de législation à l'université de Coimbre (1).

Le plan cadastral actuel a besoin d'être rectifié, sans doute.

---

(1) « Le Portugal a d'ailleurs avec la France une grande analogie. » L'égalité devant la loi, l'abolition des priviléges, l'admission des » citoyens à tous les emplois sont inscrits dans sa constitution : l'éga- » lité des partages et la liberté des biens, dans ses lois. Sous ce double » rapport, l'exposé du système contenu dans le Code portugais n'est » peut-être pas dépourvu d'intérêt...

» La principale innovation proposée par M. Ferrao est la création de » livres matrices où tous les immeubles doivent être enregistrés et in- » dividualisés ; c'est, en quelque sorte, la constitution de l'état civil » des immeubles.

» La loi nouvelle proclame le principe, aujourd'hui incontesté, de » la publicité comme fondement de la conservation de la propriété » foncière et des droits qui en dérivent ; elle assure cette publicité » par le moyen d'un enregistrement de tous les fonds urbains et ru- » raux qui leur donne une existence légale. L'immeuble enregistré » peut être l'objet d'une transmission par vente, succession ou dona- » tion, d'une hypothèque, d'une servitude ; avant l'enregistrement,

Pour certaines parties de la France, il est plein d'inexactitudes. Le concours des intéressés à sa révision devient d'ailleurs nécessaire, du moment où il doit servir de base immuable à la propriété ; mais, ce qui, autrefois, a demandé beaucoup de peines et de temps, en exigerait fort peu aujourd'hui que les hommes spéciaux abondent.

Supposons un plan cadastral parfait et un registre matricule de toutes les propriétés d'un arrondissement.

Le plan sera la base de chaque propriété, et nul ne pourra exiger rien de plus que ce qui lui sera attribué par le cadastre.

Les mutations totales ou partielles s'opèreront par la simple déclaration des parties. Le nom du vendeur fera place à celui de l'acquéreur sur le registre matricule : dès-lors plus de fraude possible, plus de stellionnat, deux noms ne pouvant figurer en même temps sur le registre, et la tradition effectivé étant remplacée par la mention de la mutation.

Outre l'avantage d'abolir tout motif de procès en matière de possession, l'établissement du système proposé en présente d'autres immédiats : 1° faire rentrer dans le domaine public ou communal des excédants de territoire souvent considérables et qui deviennent la proie du premier occupant ; 2° mettre entre les mains de l'Etat les parcelles d'immeubles dont la mutation n'aurait pas été faite dans un laps suffisant pour attester l'abandon par le propriétaire, ou la disparition de ce dernier, sans successeur.

» il n'y a qu'une stérile possession. Quant aux droits fonciers, ils
» sont assujettis aux mêmes conditions de publicité, et depuis la pro-
» priété jusqu'à la plus minime servitude, ils doivent tous s'incrire par
» une annotation à la suite de l'enregistrement préalable du fonds. »

Moniteur Universel, 1ᵉʳ octobre 1858.

Cᴴ. Goussard, conseiller référendaire à la Cour des comptes.

Nous croyons que ce mode, simple et facile à exécuter, donnerait de la certitude au propriétaire, de même que nous pensons que le seul moyen de vivifier le Crédit foncier et l'Agriculture, c'est de détruire le système hypothécaire tout entier. La vente ayant été simplifiée, les hypothèques et les priviléges ne pesant plus sur la propriété, les agriculteurs et autres possesseurs de biens fonciers rentreront dans la condition du négociant et du banquier. Leur actif toujours disponible, toujours responsable, deviendra la garantie de leur crédit.

Nous ne nous dissimulons pas les objections que doit soulever un projet aussi radical et nous allons au-devant.

Nous savons quelle est la force de l'habitude, mais nous comptons avec raison sur la triste situation de la propriété pour faciliter la vulgarisation prompte d'un système qui doit faire cesser cette situation. Une loi est toujours sanctionnée promptement quand elle rencontre dans les mœurs et les besoins de ceux qu'elle régit l'appui direct d'une nécessité absolue.

Nous savons aussi que l'on nous demandera comment, sans une grande confusion, la propriété foncière pourra rembourser les 14 ou 15 milliards qu'elle doit sur hypothèque, sans mettre en vente, dans un délai très-rapproché, une quantité équivalente d'immeubles (1), et comment l'état remplacera l'impôt

---

(1) La dette hypothécaire que l'on évalue à 15 milliards est loin de s'élever à ce total effrayant : dans le calcul qui en a été fait, on a forcément compris toutes les hypothèques telles qu'elles sont inscrites; mais combien de ces hypothèques n'ont plus de cause, combien d'autres ont été remboursées en partie, combien enfin sont plus que doublées par l'évaluation de droits éventuels, d'intérêts et de frais qui ne sont pas dûs.

important qu'il prélève sur les frais hypothécaires et les droits de justice.

D'abord, il n'est nullement question de proclamer l'exigibilité instantanée des dettes hypothécaires. Il rentre, au contraire, dans le domaine de la législation à intervenir, d'apporter des tempéraments. Si l'on demeure imbu des faits présents, on ne peut raisonner de ce qui arrivera lorsqu'ils auront disparu : il faut se représenter la propriété libre et alors on aura sous les yeux le tableau fidèle du double effet qui se produira.

La première remarque à faire, c'est que si les propriétaires se trouvent dans l'obligation de rembourser, les capitalistes seront tenus de recevoir ce qui leur est dû ; or, l'embarras de ces derniers, qui vivent du produit de leurs capitaux, viendra alléger les premiers. Les prêteurs qui ne trouvent pas aujourd'hui suffisantes les garanties hypothécaires, comprendront les avantages que leur apporte la libération de la propriété et laisseront leurs capitaux dans les mains de leurs débiteurs, ce sera la première étape du Crédit pour le propriétaire foncier. Ceux qui ne s'y détermineront pas et réclameront leur prêt seront alors dans la nécessité de le remployer : les prêteurs hypothécaires sont prudents, ils cherchent surtout à se prémunir contre les chances aléatoires des valeurs mobilières, les immeubles seuls leur offrent des certitudes possessives, ils achèteront des terres, des maisons, et par là ils augmenteront rapidement, dans des proportions incalculables, la valeur de la propriété et l'aideront ainsi à se libérer.

Quel est aujourd'hui le prix de la terre comparé à celui de toutes les choses mobilières, rentes, actions de chemins de fer, actions industrielles, etc., etc. ? La rente 3 pour cent qui est la valeur la plus élevée, nous faisons abstraction de la sécurité, coûte 75 francs et rapporte par conséquent 4 francs 10 centimes pour cent du capital engagé. La terre se paie sur un produit de 2 1/2 pour cent, ce qui équivaut à un double capital. Nous pourrions citer telles valeurs solides (actions de la Banque de France, actions de chemins de fer) dont le rapport est de 10 pour cent au cours du jour.

Cependant, la rente est d'une réalisation facile, elle se fait pour ainsi dire sans frais, sa propriété n'est sujette à aucune revendication, elle n'est pas même *saisissable*, tandis que les immeubles présentent, on l'a vu, bien des dangers, elle est grevée de frais de mutation énormes et d'impôts considérables, leur réalisation est lente et difficile. La raison qui milite en leur faveur est donc tout entière dans leur valeur intrinsèque, qui croît en raison directe de l'abaissement de celle des métaux précieux et du signe monétaire, et surtout dans ce qu'ils résistent aux catastrophes politiques si fatales à la propriété mobilière.

L'émancipation complète de la propriété n'est donc pas à redouter pour la valeur même de la propriété, elle lui serait au contraire favorable au plus haut degré.

Dans l'état actuel on recherche les immeubles et on leur accorde un prix supérieur et plus que double des autres biens : on la recherchera davantage et leur prix s'élevera encore, dès que la possession de la propriété immobilière sera consolidée et libérée, dès qu'on aura les mêmes facilités de l'aliéner et de la réaliser que pour tous les objets mobiliers.

C'était l'avis de la Faculté de droit de Rennes, lorsqu'elle demandait que *dans l'intérêt privé, le législateur fournit au propriétaire les moyens d'offrir une pleine sécurité aux tiers qui traitent avec lui, car le plus éminent des droits que la propriété confère, celui qu'il importe de perfectionner le plus possible, est le droit de disposer, et la société n'est pas moins intéressée à la circulation facile des biens immeubles qu'à celle des meubles : la foi publique ne doit jamais être déçue...*

Oui, c'est par la circulation libre des immeubles à l'égal des choses mobilières, et notre conviction est bien ferme à cet égard, qu'il convient de faire éclore le crédit des propriétaires : c'est cette *mobilisation* seule de l'immeuble qui peut donner à la propriété foncière sa valeur réelle, et que, sans exagération, l'on peut compter voir doubler immédiatement.

Le Crédit du propriétaire existera le jour où la propriété foncière libérée de ses entraves sera devenue le gage de tous.

En admettant que quelques possesseurs de terres ne sachant pas inspirer la confiance, et privés des ressources de l'Hypothèque qui leur servait à déguiser une position financière désastreuse, regrettent le passé : où sera le mal? Ceux qui souffriront de la transition seront ceux qui auraient compromis le gage hypothécaire; ils ne tarderont pas, d'ailleurs, à reconnaître qu'il vaut mieux posséder dix hectares de terre dont le produit reste dans la ferme, que d'en posséder cent hectares dont la totalité des revenus passe, et au-delà, en intérêts et frais d'obligations.

Le jour donc n'est pas éloigné où l'on verra le propriétaire de *nom* remplacé par le propriétaire *véritable*.

Le premier est pressuré sans cesse, ni relâche, par les emprunts à grands frais, le second jouira de la confiance et du Crédit, alors notre agriculture pourra prendre son essor, et le Capital, qui a pompé les revenus de la terre, se remploiera dans la terre, en la fécondant et en augmentant son prix.

Restent encore les objections tirées de la diminution des droits du fisc. A notre sens, elles ne sont pas sérieuses, et le fussent-elles qu'on ne devrait pas s'y arrêter, par ce qu'il est impossible d'admettre qu'un état puisse, pour se procurer des ressources, maintenir les éléments de la ruine d'une classe entière de citoyens nombreux et intéressants.

Mais l'Etat trouvera dans les mutations plus fréquentes à

prélever plus de droits de ventes; sous forme de patente ou sous toute autre forme; il pourra d'ailleurs, s'il y a nécessité, demander à l'Agriculture, guérie du mal qui la mine, la somme qui serait indispensable pour combler le déficit qui, en tout cas, ne saurait être bien élevé, surtout si l'on considère que le Trésor public ne touche pas la dixième partie des sommes arrachées au foncier par les frais qu'il supporte dans l'état actuel de la législation.

Résumons maintenant les réformes à faire, comme aux premières lignes de ce chapître nous avons résumé les abus existants.

Etablissement d'un plan cadastral complet;
Etablissement d'une matricule de la propriété;

Obligation au vendeur de faire substituer à son nom, le nom de l'acquéreur sur le plan et la matricule, pour toute formalité de transmission de la propriété;

Abolition de toutes les hypothèques et de tous les priviléges;

Obligation pour la femme mariée de se borner à l'exécution des clauses stipulées dans son contrat;

Obligation pour le tuteur de faire emploi immédiat des capitaux de son pupille, établissement d'une surveillance réelle par l'Etat sur l'administration du tuteur.

On remarquera, d'ailleurs, que notre système éloigne toutes les idées de billets hypothécaires, de polices transmissibles, idées mises récemment en avant, qui ne peuvent favoriser que l'agiotage et qui ne rémédient qu'incomplètement au mal, puisqu'elles tendraient à former un crédit spécial pour le foncier, si elles pouvaient avoir un résultat, tandis que nous voulons au contraire assimiler le crédit du propriétaire et de l'agriculteur, au crédit du commerçant, c'est-à-dire, faire pour le propriétaire le crédit reposant sur la confiance.

S'il est vrai, comme on l'a dit avant nous, que la société n'est autre chose qu'un problème de circulation, n'est-il pas temps que la propriété foncière participe à ce mouvement général qui atteste la vie? n'est-il pas temps qu'elle s'assaie, comme l'industrie, au banquet du Crédit, qu'elle reçoive tout ce qu'elle peut de la société et lui rende tout ce qu'elle lui doit? Vainement tant que les réformes que nous signalons aux méditations du législateur resteront à l'état de problème dédaigné, vainement s'efforcera-t-on de tirer l'Agriculture de l'état de marasme où elle vit relativement au progrès industriel. Vainement *Banque agricole*, *Crédit foncier*, etc., etc., essaieront-ils d'ébranler la masse compacte de l'immeuble et de vivifier la propriété. Tant que le régime hypothécaire restera debout comme une tentation offerte à la méfiance, le laboureur, libre du vieux servage féodal, restera vassal de l'Hypothèque, ce dernier lien de la glèbe s'opposera à sa complète émancipation.

TABLE DES MATIÈRES.

CHAPITRE IV.

CHAPITRE V.

Amiens. — Imp. de Lenoel-Herouart, rue des Rabuissons, 10.

www.ingramcontent.com/pod-product-compliance
Lightning Source LLC
Chambersburg PA
CBHW051720050726
47598CB00003B/983